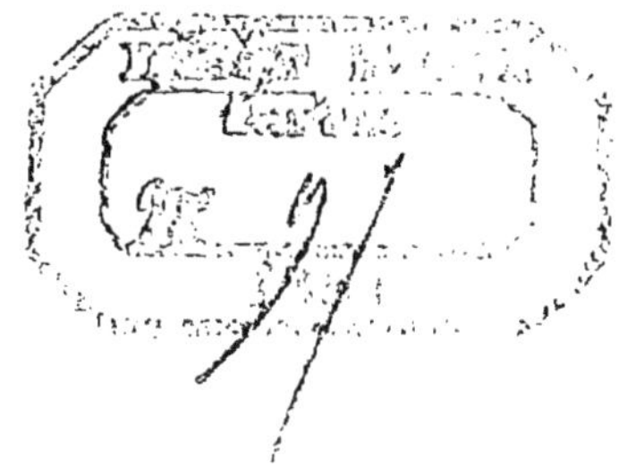

CATALOGUE

DES PRÉCIEUSES RELIQUES

DE L'ÉGLISE PAROISSIALE

DE NOTRE-DAME DE LA COUTURE

IMPRIMATUR.

Cenomani, 1ª die septembris 1859.

HEURTEBIZE,
Vic. Gen.

CATALOGUE

DES

PRÉCIEUSES RELIQUES

CONSERVÉES ACTUELLEMENT ET VÉNÉRÉES

EN L'ÉGLISE PAROISSIALE DE N.-D. DE LA COUTURE

VILLE DU MANS

Mirabilis Deus in Sanctis suis.

S. N. D. B.

LE MANS

IMPRIMERIE ÉTIEMBRE ET BEAUVAIS

PLACE DES HALLES, 19

1859

AVANT-PROPOS.

Afin de tirer un plus grand profit pour la sanctification de votre âme, de la lecture de ce *Catalogue des précieuses reliques de la Couture*, vous êtes instamment invité, cher et dévot lecteur, à arrêter un instant votre attention sur deux points seulement, que nous vous indiquons brièvement dans cet Avant-Propos.

1er POINT. Ce que sont les reliques des Saints.

Le corps que l'âme laisse sur la terre, lorsqu'elle s'en sépare pour aller paraître devant son Juge souverain, et que l'on appelle sa dépouille mortelle, prend le nom de *reliques*, quand le défunt a été mis par l'église au rang des saints. Mais ce titre de reliques ne convient pas seulement au corps entier d'un saint; on appelle encore *reliques*, toutes les parties de ce même corps, quelque petites qu'elles soient, pourvu qu'elles ne soient pas imperceptibles. Ainsi la tête, les bras, les jambes, les pieds, les mains, les os, la chaire, les cheveux, les cendres etc. etc. sont autant de reliques. Dans un sens moins strict, on donne également le nom de reliques aux objets qui ont été à l'usage d'un saint pendant sa vie, et qui, selon le sentiment commun des fidèles, ont contracté une sorte de communication à la sainteté de son corps, tels sont ses vêtements, ses meubles, sa maison même, son cilice, les instruments de son supplice, etc. etc. Encore, dans un sens plus large, on regarde comme reliques, les divers objets qui ont touché au corps d'un saint, ou à ses reliques, ou même que l'on a déposés sur son sépulcre : ainsi, le suaire qui a enveloppé le corps d'un saint, et le cercueil où il a été déposé.

On divise les reliques des saints en trois classes. 1° Les reliques insignes qui, d'après une définition de la Congrégation des Rites, sont : le corps d'un saint, ou un membre entier, comme la tête, un bras, une jambe, ou la partie sur laquelle un martyr a souffert, pourvu qu'elle soit notable, entière et approuvée par l'évêque du lieu. 2° Les reliques notables, qui sans être un membre, sont une partie entière du corps, comme une côte, une mâchoire, un fragment considérable d'une partie importante, de la tête, par exemple, d'un bras, une jambe, etc. 3° Les reliques minimes, qui ne sont que de très-petites parties du corps du saint, ou des parcelles des reliques insignes ou notables comme celles que l'on renferme d'ordinaire dans des médaillons ou de petits reliquaires.

2e Point. Doit-on honorer les reliques des Saints?

Voici la réponse à cette question donnée par le saint Concile de Trente, session XXVe : « Les « fidèles doivent porter respect aux corps saints « des Martyrs et des autres Saints qui vivent avec « Jésus-Christ... et ceux qui soutiennent qu'on ne « doit point d'honneur ni de vénération aux reli- « ques des Saints doivent être condamnés, comme « l'Église les a déjà quelquefois condamnés, et

« comme elle les condamne encore maintenant. » La raison que donne le saint Concile est que « les « corps des Saints ont été les membres vivants de « Jésus-Christ et le temple du Saint-Esprit; qu'ils « doivent ressusciter un jour pour la vie éternelle, « et que Dieu nous accordant beaucoup de grâces « par leur moyen, il fait bien voir par là com- « bien le culte que nous leur rendons est agréable « à ses yeux. »

Un auteur que nous aimons à citer ici, parce qu'il a traité cette question avec une grande lucidité (1), rappelle ainsi l'usage de la primitive Église : « Dans les beaux jours de l'Église naissante, les fidèles appliquaient aux malades les mouchoirs et les linges qui avaient touché le corps de saint Paul, et aussitôt les malades étaient guéris. Si Dieu a pu donner à de simples linges, qui avaient touché le corps d'un Saint, la vertu de produire des effets supérieurs aux lois de la nature, ne peut-il pas donner la même efficacité aux corps mêmes des Martyrs et des autres Saints? Et

(1) M. l'abbé Guillois, *Explication du Catéchisme*, tome II, p. 139.

non-seulement il le peut, mais il l'a fait. Dans tous les temps, des faveurs extraordinaires ont été obtenues, des miracles éclatants ont été opérés par les reliques des Saints; l'histoire de l'Église et les saints Pères en rapportent un grand nombre dont l'authenticité ne saurait être révoquée en doute. Saint Ambroise, après avoir raconté comment il découvrit les reliques de saint Gervais et de saint Protais, et les honneurs qu'il leur rendit, parle de plusieurs prodiges qui s'opérèrent dans cette circonstance. Saint Augustin parle, dans un de ses ouvrages, de la découverte des reliques de saint Étienne et des miracles qui se firent à leur occasion. La même chose s'est renouvelée de siècle en siècle, et, pour ainsi dire, d'année en année; en sorte qu'on peut dire que, si la vénération des reliques des Saints était une erreur, ce serait Dieu lui-même qui nous y aurait constamment induits. »

M. Eugène Boré, en parlant des usages des Églises d'Orient, dont il a étudié l'histoire, apporte aussi le même témoignage : « Entre les Églises d'Orient, dit-il, l'Arménie se montre plus portée, dès le principe, à la dévotion envers les

Saints, qui est comme le culte de la reconnaissance dans le culte même. En effet, la mémoire des Saints a pour objet spécial de les remercier de leurs bons exemples ou des grâces obtenues par leurs mérites. La vénération des reliques excita constamment chez les Arméniens une ferveur amoureuse. Leur pays est couvert d'antiques églises, revendiquant l'honneur de posséder les précieux restes des Saints qui les évangélisèrent ou les affermirent dans la foi. L'apôtre Thadée, le patriarche saint Grégoire, les vierges Gaïane et Rhypsimée, consacrèrent, par leurs châsses miraculeuses, les premiers sanctuaires (1). »

Il est certain que le culte des reliques ne peut manquer de plaire au bon Dieu, parce qu'il tend de sa nature à nous rendre meilleurs. En apercevant les reliques des Saints, en approchant de leurs dépouilles mortelles, en y appliquant nos lèvres, un respect religieux s'empare même de nos sens. Le souvenir des vertus qu'ils pratiquèrent, du bien qu'ils firent, ne peut manquer de

(1) *Mémoires d'un voyageur en Orient.*

e retracer à l'esprit attentif; il sort enfin de leurs ombeaux comme une voix secrète qui nous invite les admirer, à les imiter. Ces pieds, nous dit ette voix, marchèrent constamment dans les seniers de la justice; ces mains furent toujours innoentes et pures; cette bouche ne s'ouvrit que our louer Dieu ou bénir les hommes et les porer au bien; ces membres ne prêtèrent leur miistère qu'à la vertu, qu'à la charité : telle a été, n effet, la conduite des Saints, et c'est ainsi u'ils ont mérité un poids éternel de gloire (1). n les imitant et en marchant sur leurs traces, ous parviendrons à la même félicité : c'est là la rande, l'unique affaire de l'homme ici-bas : le emps passe, et l'éternité durera toujours.

(1) Mgr Bouvier, *Instruction sur les reliques.* — M. l'abbé Guillois, *Explication* (*loco citato*).

CATALOGUE

DES PRÉCIEUSES RELIQUES

CONSERVÉES ACTUELLEMENT ET VÉNÉRÉES

EN L'ÉGLISE PAROISSIALE DE N.-D. DE LA COUTURE

VILLE DU MANS

1. **Trois parcelles de la vraie Croix de Notre-Seigneur Jésus-Christ.**

EXPOSITION : *le Dimanche de la Passion, le 3 mai et le 14 septembre.*

La parcelle renfermée dans la croix de vermeil a été donnée par Mlle Gauvain du Rancher de Biars : elle provenait de la générosité d'un chanoine-évêque de Saint-Denis, en France, Mgr Claude ANDRÉ, ancien évêque de Quimper. L'authentique, signée de sa main, est datée du 9 décembre 1812 ; et la relique précieuse a été reconnue en 1814, par M. Duperrier-Dumouriez, vicaire-général. — Les deux parcelles renfermées dans la croix d'argent appartenaient autrefois à M. Huard, curé de la Couture. L'authentique de la première est datée du 5 février 1784, et signée d'un prélat de la maison de Sa Sainteté ; elle a été reconnue par Mgr de Pidoll, évêque du Mans, le 20 mars 1807.—L'authentique de la seconde est datée du 27 juillet 1792 ; la reconnaissance est du 11 septembre 1802 (24 fructidor an XII) et signée : DUPERRIER, vicaire-général. Une nouvelle reconnaissance de ces deux parcelles a été faite en 1816, le 1er mars, par Mgr Michel de Pidoll.

---

2. Du Voile de la très-sainte Vierge Marie, mère de Notre-Seigneur Jésus-Christ. — De la poussière de la maison de Lorette.—Du voile de la statue miraculeuse de Lorette.

EXPOSITION : *les fêtes de la très-sainte Vierge.*

Les deux petits morceaux du voile de la très-sainte Vierge sont placés en deux cadres, brodés sur satin moiré blanc, par les Religieuses de la Visitation Sainte-Marie du Mans, et procurés à la paroisse par les mêmes Religieuses, en 1852. — La poussière de la maison de Lorette, ainsi que le morceau du voile de la statue miraculeuse, ont été donnés par feu M. R. Savarre, curé. La permission de les exposer à la vénération des fidèles est datée du 31 mars 1818, signée : DUPERRIER, vicaire-général.

3. Du bras de sainte Anne, mère de la très-sainte Vierge.

Exposition : *le 26 juillet, fête de la Sainte*

Cette précieuse relique était autrefois vénérée dans l'église abbatiale de Saint-Julien du Pré, et conservée dans un bras d'argent : elle avait été donnée à une abbesse de ce monastère par la reine Anne d'Autriche, mère de Louis le Grand (1). Arrachée des mains des spoliateurs, à l'époque de la Révolution, et sauvée

(1) L'ancienne cathédrale d'Apt conserve encore une très-considérable partie du corps de la sainte aïeule de notre divin Sauveur. Ces précieuses reliques, disent les histoires de ce pays, furent découvertes miraculeusement au VIIIe siècle, dans la cathédrale d'Apt, où elles avaient été apportées par le premier évêque de ce diocèse, saint Auspice, et où elles avaient été cachées dans une crypte encore existante, pendant les longues persécutions et les guerres qui désolaient ces contrées. Depuis le VIIIe siècle, les restes de la mère de la très-sainte Vierge sont l'objet de la vénération des fidèles de cette ville, dont sainte Anne est devenue la Patronne. C'est de cette église d'Apt qu'ont été tirées les autres reliques de la Sainte qui existent en diverses localités, principalement celles d'Auray, en Bretagne ; et ces reliques ont presque toutes été accordées par la reine Anne d'Autriche, après le voyage que fit à Apt la mère de Louis XIV, en 1660, en vue d'accomplir un acte de dévotion envers son auguste Patronne. Déjà, en 1627, cette même reine avait reçu du Chapitre et des Consuls de la ville d'Apt une portion des reliques qu'elle distribua, avant de mourir, entre les Carmes d'Auray, les chanoines réguliers de Saint-Germain-des-Prés, à Paris, et d'autres monastères qui avaient le bonheur de posséder son affection. (Voir l'*Univers* du 11 novembre 1850.)

heureusement par les soins pieux d'une ancienne Religieuse bénédictine, Mme Marie Brossard du Fresne, elle a passé de ses mains en celles du vénérable M. Huard, curé, qui en a enrichi le trésor de son église. La première attestation d'authenticité est signée : Michel-Joseph de PIDOLL, évêque du Mans, sous la date du 23 juillet 1803. La seconde reconnaissance et la permission de l'exposer à la vénération des fidèles sont datées du 25 février 1843 et signées : J.-B. BOUVIER, évêque du Mans. (*Voir les authentiques et le procès-verbal de la reconnaissance, conservés dans les archives de la paroisse.*)

---

4. D'un vêtement de saint Joseph, époux de la très-sainte Vierge Marie.

EXPOSITION : *le 19 mars, fête du Saint.*

Cette relique a été donnée par M. l'abbé Joubert, chanoine-custode de la cathédrale d'Angers, alors prêtre-sacristain de la Couture. L'authentique, signée : J.-B. BOUVIER, évêque du Mans, porte la date du 28 août 1836.

5º DES SAINTS APOTRES.

1. Des os de saint Pierre, apôtre. — Du bois de la Croix, du même apôtre. — Une autre parcelle de ses reliques. — Une seconde parcelle du bois de la Croix du même apôtre.

EXPOSITION : *le 18 janvier, fête de la Chaire de saint Pierre, à Rome; le 25 du même mois, Conversion de saint Paul et mémoire de saint Pierre; le 22 février, fête de la Chaire du même Saint, à Antioche; le 29 juin, fête de saint Pierre et saint Paul; le 6 juillet, octave de la même fête patronale de l'église de la Couture; le 1er août, fête de saint Pierre-aux-Liens.*

Les deux premières reliques ont été données en 1840 à la Couture par M. l'abbé Lottin, chanoine du Mans, alors vicaire-général, qui les avait apportées de Rome. Les authentiques sont du 28 juin 1839, signées par le vicaire-général de Sa Sainteté. La permission d'exposer, signée : J.-B. BOUVIER, est du 19 février 1840. — La troisième, renfermée dans une petite statuette en bois, représentant le buste du Saint, provient du don de feu M. Huard, curé : l'authentique, signée : DUPERRIER, vicaire-général, est datée du 18 décembre 1811. — La seconde parcelle du bois de la Croix de saint Pierre, a été donnée à feu M. Savarre, curé. L'authentique, signée de Fr.-Joseph-Marie Castellani, évêque de Porphyre, prélat domestique de Sa Sainteté, porte la date du 17 mai 1852.

2. Des os de saint Paul, apôtre. — Un morceau de la colonne de la décollation du même Saint.

EXPOSITION : *à toutes les fêtes où se fait l'exposition des reliques de saint Pierre.*

Ces reliques proviennent également de la libéralité de M. l'abbé Lottin, chanoine. L'authentique, signée du vicaire-général de Sa Sainteté, est du 18 mai 1839, et la permission et le visa du Mans, du 19 février 1840.

3. Des os de saint Philippe, apôtre.

EXPOSITION : *le 1er mai, fête du Saint.*

L'église de la Couture possède cette relique depuis le 22 mai 1805 : elle fut donnée à M. Huard par une ancienne Religieuse de la Visitation du Mans. L'authentique, signée : *D. Henricus Lasso de la Vega, episcopus Taumacensis*, est datée de Rome, du 19 avril 1729. La dernière reconnaissance, par Mgr de Pidoll, est du 20 avril 1805.

4. Des os de saint Barthélemy, apôtre.

EXPOSITION : *le 24 août, fête du Saint.*

Relique donnée par M. l'abbé Joubert, chanoine-custode de la cathédrale d'Angers, alors prêtre-sacristain de la Couture. L'authentique, signée : J.-B. BOUVIER, évêque du Mans, porte la date du 28 août 1836.

5. **Des os de saint Jude, apôtre.**

Exposition : *le 28 octobre, fête du Saint.*

Relique donnée par feu M. Savarre, curé. L'authentique est du 11 août 1849.

6° DES SAINTS MARTYRS.

1. **Des os de saint Ignace, évêque d'Antioche et martyr.**

Exposition : *le 1er février, fête du Saint.*

Cette authentique, signée : *Fr. Basilius Tommaggian, archiepiscopus Dyrrhachiensis*, est datée du 9 avril 1831. Le donateur n'est pas connu.

2. **Des os de saint Vincent, diacre et martyr. — Une autre parcelle des os de saint Vincent, martyr.**

Exposition : *le 22 janvier, fête du Saint.*

La première de ces reliques fut donnée à M. Huard, curé, par Mme du Fresne, Religieuse bénédictine du Pré, dont il a été question plus haut. L'authentique est du 23 juillet 1803, signée : Michel-Joseph de Pidoll. — La seconde, qui peut-être est une relique d'un saint *baptisé*, tiré du cimetière (catacombes) de Saint-Cyriaque, a été donnée par M. l'abbé Joubert, prêtre-sacristain : l'authentique, signée : J.-B. Bouvier, est du 26 août 1836.

3. **Des os de saint Pancrace, martyr.**

Exposition : *le 12 mai, fête du Saint.*

L'authentique est signée : *Henricus Lasso de la Vega, epis. Taumacensis,* et datée du 19 avril 1729 : la reconnaissance et la permission d'exposer sont du 20 avril 1805, signées : Michel-Joseph, évêque du Mans. Dernière authentique du 12 décembre 1846. Le donateur est inconnu.

4. **Des os de saint Laurent, archidiacre, martyr.**

Exposition : *le 10 août, fête du Saint.*

Cette relique, apportée de Rome par le R. P. Dom Guéranger abbé de Solesme, a été donnée par M. Legrand, pieux fidèle de la paroisse. L'authentique et la permission d'exposer sont du 9 août 1850, signées : Jean-Baptiste, évêque du Mans.

5. **Des os de saint Boniface, martyr.**

Exposition : *le 14 mai, fête du Saint.*

Relique donnée par M. l'abbé Joubert, prêtre-sacristain. L'authentique signée : J.-B. Bouvier, évêque du Mans, porte la date du 24 février 1843.

6. **Des os de saint Bénigne, martyr.**

Exposition : *le 13 février, fête du Saint.*

Même provenance et même authentique que la précédente.

7. Des os de saint Jean Népomucène, martyr.

EXPOSITION : *le 16 mai, fête du Saint.*

Cette précieuse relique a été donnée par M. l'abbé Galoin, à la sœur Lespinasse, en 1801, à Prague, et envoyée par elle le 8 février 1804, à M. Huard, curé de la Couture, qu'elle avait connu et accompagné dans son exil aux mauvais jours de la persécution. L'authentique datée du 26 mai 1801, est signée de Mgr Guillaume-Florent-Jean-Félix, Cardinal prince-archevêque de Prague et la reconnaissance, signée : MICHEL-JOSEPH, évêque du Mans, porte la date du 11 mai 1804.

8. Des os de saint Vital, martyr.

EXPOSITION : *le 28 avril, fête du Saint.*

Cette relique, extraite du cimetière de Saint-Cyriaque, a été donnée par M. l'abbé Joubert, prêtre-sacristain. L'authentique, signée : JEAN-BAPTISTE, évêque du Mans, est datée du 26 août 1836.

9. Des os des saints Zozime et Théodore, martyrs.

EXPOSITION : *le 1er novembre, fête de tous les Saints, et le jour de l'octave pour saint Zozime. — Le 9 novembre, fête de saint Théodore.*

Ces reliques, extraites du cimetière de Saint-Cyriaque, ont été données par M. l'abbé Joubert, prêtre sacristain. L'authentique signée : J.-B. BOUVIER, évêque du Mans, est datée du 26 août 1836.

10. Des os de saint Célestin, martyr.

EXPOSITION : *le 25 mai, fête du Saint.*

Cette relique, venue de Rome, a été donnée par les Religieuses de la Visitation-Sainte-Marie du Mans, à M. l'abbé Lochet, vicaire de la Couture, qui l'a donnée à la paroisse. L'authentique, signée : JEAN-BAPTISTE, évêque du Mans, est datée du 1er mars 1853.

11. Des os de saint Clément, évêque et martyr.

EXPOSITION : *le 23 janvier, fête du Saint.*

Même provenance et même authentique que la précédente.

12. Des ossements des saints martyrs Félix, Marcellin, Constant, Cyr, Illuminat, Donat, Célestin, Libérat et Théodore.

EXPOSITION : *la fête de tous les Saints et l'octave ; le 30 mai, fête de saint Félix ; le 2 juin, fête de saint Marcellin : le 7 août, fête de saint Donat, et le 7 novembre, fête de saint Théodore.*

Ces reliques proviennent du Monastère de l'ancienne Visitation du Mans, et ont été données à M. Huard, curé, par une Religieuse de ce Monastère. L'authentique donnée après un examen minutieux, ordonné par Mgr J.-B. Bouvier, porte la date du 11 août 1849, avec la permission de les exposer à la vénération des fidèles.

13. **Des ossements des saints martyrs Firmus, Constantius, Déodat, Vicerne, Hyppolite, Clément et Théodat.**

EXPOSITION : *la fête de tous les Saints et l'octave , et le 1er dimanche de septembre*

Même provenance et même authentique que les précédentes. Ces reliques sont très-probablement des ossements de saints baptisés.

14. **Un os de saint Félix, martyr.**

EXPOSITION : *le 1er juillet , fête de la translation de ce Saint.*

Cette relique d'un corps saint, tiré des catacombes de Rome, et possédé par les Religieuses de la Visitation Sainte-Marie du Mans, a été donnée par elles à l'église de la Couture. L'authentique est datée du 30 octobre 1849, et signée : Jean-Baptiste BOUVIER, évêque du Mans. — Une autre petite parcelle des os du même saint, provenant de la même source, est pourvue d'une authentique datée du 20 février 1853, signée : DUBOIS, vicaire-général.

15. **Des os de saint Bernard , martyr.**

EXPOSITION : *le 1er novembre , fête de tous les Saints , et le 1er dimanche de septembre, fête des saintes Reliques.*

Cette relique, procurée par M. l'abbé Joubert, a été reconnue authentique par Mgr Jean-Baptiste Bouvier, le 25 février 1843.

16. **Des os des saints martyrs Mayne, Honorat, Pérégrin, Valère, Sévère, Félix, Réparat, Abonde, Juste, Prosper, Valide.**

EXPOSITION : *le 1er novembre, fête de tous les Saints, et le 1er dimanche de septembre, fête des saintes Reliques.*

Ces ossements contenus dans un cadre ont été donnés par les Religieuses Visitandines : ils ont tous été tirés des catacombes de Rome. L'authentique signée : DUBOIS, vicaire-général de Mgr Bouvier, est datée du 21 février 1853.

17. **Des os des saints Donat, Séverin, Félix, Romain, Valère, Valérien, martyrs.**

EXPOSITION : *le 1er novembre, fête de tous les Saints, et le 1er dimanche de septembre, fête des saintes Reliques.*

Même provenance et même authentique que les précédentes.

7° DES SAINTS CONFESSEURS PONTIFES.

1. Des os de saint Julien, 1er évêque du Mans et apôtre de la Province. — Trois reliques différentes.

Exposition : *le 27 janvier, fête du Saint, et le 3 février, octave de cette fête; le 1er dimanche après le 25 juillet, fête de sa translation.*

La première de ces reliques fut donnée à M. Huard, curé, par Mme Marie Brossard du Fresne, dont il a été parlé. C'est un os du pied, assez important, conservé autrefois dans l'église abbatiale de Saint-Julien du Pré. L'authentique et la permission d'exposer sont datées du 23 juillet 1803, signées : Michel-Joseph de Pidoll, évêque du Mans. Il y a un nouveau visa du 25 février 1843. — Deux autres parcelles très-petites ont été authentiquées : la première, le même jour 25 février 1843. Le donateur est inconnu. La seconde le 21 février 1853, avec la signature de M. Dubois, vicaire-général ; elle a été donnée par les Religieuses de la Visitation du Mans.

2. Des os de saint Bertrand, évêque du Mans et fondateur de cette église. — Des cendres de ses reliques brûlées. — Un morceau de sa chasuble ou de son suaire.

Exposition : *le 3 juillet, fête du Saint.*

Ces reliques ont été sauvées à l'époque de la révolution, par des fidèles qui s'empressèrent de les remettre aussitôt que les églises furent ouvertes, aux prêtres demeurés dans le pays. Le 28 juin 1807, M. Huard, curé, recueillit la première de ces reliques, qui est un os de la jambe du saint Fondateur de l'abbaye. Elle est revêtue d'une authentique signée de Mgr Jean-Baptiste Bouvier, en date du 19 février 1840 : le vénérable évêque fit examiner à cette époque, avec un soin minutieux, les reliques de son église cathédrale et celles de Notre-Dame de la Couture. — Les autres reliques du même saint, indiquées ci-dessus, furent extraites du trésor de Saint-Julien, le 20 juillet 1841 à la sollicitation de M. l'abbé Tournesac, de la Compagnie de Jésus, et alors prêtre-sacristain de cette paroisse. Quant au morceau du suaire appelé *la chasuble de Saint-Bertrand*, il était conservé depuis un temps immémorial dans l'abbaye de Saint-Pierre et Saint-Paul de la Couture, et les Bénédictins en distribuaient aux malades qui demandaient leur guérison par l'intercession de notre Saint (1).

3. Des os du crâne de saint Liboire, évêque du Mans. — Une autre petite parcelle de ses os

Exposition : *le 23 juillet, fête du Saint.*

La première de ces reliques très-précieuses, a été procurée à l'église de la Couture par M. l'abbé Lochet,

(1) M. Hucher, archéologue de notre ville, a publié, dans le *Bulletin monumental*, une description très-intéressante de ce suaire, au point de vue de la science.

vicaire de la paroisse et par M. l'abbé Joubert, chanoine-custode de la cathédrale d'Angers, qui l'apportèrent eux-mêmes de la ville de Paderborn, où elle leur fut remise avec une autre parcelle plus considérable encore, du crâne de saint Liboire, destinée au trésor de la cathédrale du Mans, le 28 juillet 1850, par le révérendissime Mgr François Drepper, évêque de cette ville, de sainte mémoire, et ce, en présence du chapitre tout entier de la cathédrale. L'authentique commune aux deux reliques, écrite sur parchemin, est déposée dans les archives du chapitre du Mans. — La seconde parcelle est revêtue d'une authentique signée par Mgr Jean-Babtiste Bouvier, le 28 août 1836. Le donateur est inconnu.

4. Des os de saint Pavace, évêque du Mans.

Exposition : *le 24 juillet, fête du Saint.*

En 1851, deux prêtres de la paroisse. MM. Lochet et Crosnier, apportèrent de la ville de Château-Renard, au diocèse d'Orléans, cette parcelle précieuse des os de Saint-Pavace, due à la généreuse libéralité du vénérable curé de Château-Renard. Les reliques de notre saint évêque sont gardées dans cette dernière ville, depuis qu'elles y ont été portées pour les soustraire à la fureur des Normands. L'authentique datée du 6 décembre 1848 est signée : Valgalier, vicaire-général de Mgr Jean-Jacques Fayet, évêque d'Orléans.

5. **Des os de saint Thuribe, évêque du Mans, deux parcelles.**

Exposition : *le 16 avril, fête du Saint.*

La première relique, due à la générosité de M. l'abbé Joubert, prêtre-sacristain, est revêtue d'une authentique datée du 26 août 1836 et signée : Jean-Baptiste, évêque du Mans. — La seconde, due à feu M. Savarre, curé, est revêtue d'une authentique signée : Jean-Baptiste, évêque du Mans, et datée du 11 août 1849.

. **Des os de saint Victorius, ou Victurius, évêque du Mans.**

Exposition : *le 1er septembre, fête du Saint.*

Cette relique, procurée par feu M. Savarre, curé, est revêtue d'une authentique datée du 11 août 1849.

7. **Des os de saint Domnole, évêque du Mans.**

Exposition : *le 16 mai, fête du Saint.*

Cette relique, due aussi à feu M. Savarre, curé, est revêtue de la même authentique que la précédente.

8. **Des os d'un saint Évêque du Mans.**

Exposition : *la fête de tous les Saints, et le 1er dimanche de septembre.*

Même provenance et même authentique que pour les deux précédentes.

9. **Des os de saint Innocent, évêque du Mans.**

EXPOSITION : *le 18 juin, fête du Saint.*

Cette relique fut donnée à M. Huard, curé, par une religieuse de l'ancienne Visitation du Mans. Reconnue authentique après un mûr examen ordonné par Mgr Bouvier, elle fut revêtue d'une authentique signée : DUBOIS, vicaire-général, en date du 21 février 1853.

10. **Des os de saint Mainbœuf, évêque d'Angers.**

EXPOSITION : *le 16 octobre, jour de la mort du Saint.*

Cette précieuse relique, extraite de la châsse du Saint, par Mgr Charles Montault, évêque d'Angers, a été procurée par M. l'abbé Joubert, chanoine-custode de la cathédrale d'Angers, et donnée à feu M. Savarre, curé, qui en a enrichi son église. L'authentique est datée du 21 octobre 1851 et signée : J. BOMPOIS, vicaire-général de Mgr Guillaume-Laurent-Louis Angebault, évêque d'Angers.

11. **Du test de la tête de saint Loup, évêque d'Angers.**

EXPOSITION : *le 17 octobre, fête du Saint.*

Même provenance et même authentique.

15. **De la chair de saint François de Sales, évêque et prince de Genève. Plusieurs parcelles de ses os.— Du Suaire du même Saint. — Deux pages du** *TRAITÉ DE L'AMOUR DE DIEU* **écrites de la main du même Saint.**

EXPOSITION : *le 29 janvier, fête du Saint.*

La première parcelle de la chair a été donnée par une ancienne Religieuse de la Visitation Sainte-Marie, à M. Huard, curé. L'authentique, signée : Albert PAGET, vicaire-général de Mgr Jean-Pierre Biord, évêque et prince de Genève, porte la date du 30 mars 1781. Le visa et la permission d'exposer sont du 29 novembre 1808, signés : MICHEL-JOSEPH, évêque du Mans. — Le suaire, provenant de la même source (il porte pour inscription : *Donné à M. Hersant, par Mme de Bias, Visitandine*), est revêtu d'une authentique signée : CONSEIL, vicaire-général de Mgr Jean-Pierre Biord, évêque et prince de Genève, sous la date du 16 octobre 1776. — L'autographe porte lui-même son authenticité. Il fut donné à M. Huard, curé, par Mme Roquain, Religieuse de l'ancien monastère de la Visitation de Mamers, le 7 novembre 1813.

Plusieurs parcelles des os du saint Fondateur de la Visitation sont renfermées dans des cadres et ont été données par les Visitandines du Mans. Une authentique porte la date du 21 février 1853 et la signature de M. Dubois, vicaire-général de Mgr Bouvier.

13. Des os de saint Hilaire, évêque de Poitiers et docteur.

Exposition : *le 14 janvier, fête du Saint.*

Donnée par M. Huard, curé, qui l'avait reçue de Rome, cette relique est munie d'une authentique signée : *Henricus Lasso de la Vega, episcopus Taumacensis*, et datée de Rome, le 19 avril 1729. Le premier visa est du 20 avril 1805, signé : Michel-Joseph, évêque du Mans : le second visa et la permission d'exposer, du 7 janvier 1847, signés : Jean-Baptiste Bouvier.

14. Des os de saint Nicolas, évêque de Myre : deux parcelles.

Exposition : *le 6 décembre, fête du Saint.*

La première et la plus considérable de ces reliques a été donnée à M. Huard, curé, par Mme du Fresne, dont il a été question plus haut. La permission de l'exposer est datée du 23 juillet 1803, et signée : Michel-Joseph, évêque du Mans. — La seconde est revêtue d'une authentique signée : *Fr. Tomaggian, archiepiscopus Dyrrhachiensis*, et datée de Rome, le 9 avril 1831 : elle a été procurée par feu M. Savarre, curé, qui l'avait reçue directement de la Ville éternelle. Visa du 19 février 1840, signé : Jean-Baptiste, évêque du Mans.

15. Des os de saint Magloire, évêque de Dol et abbé : deux parcelles.

Exposition : *le 14 octobre, fête du Saint.*

La première relique, donnée par M. l'abbé Joubert, prêtre-sacristain, est munie d'une authentique du 26 août 1836, signée : Jean-Baptiste, évêque du Mans. — La seconde, provenant de l'ancienne Visitation, fut authentiquée par Mgr Bouvier, le 11 août 1849.

16. Des os de saint Lubin, évêque de Chartres.

Exposition : *le 14 mars, fête du Saint.*

Cette relique, qui est munie d'une authentique du 28 août 1836, signée : Jean-Baptiste Bouvier, évêque du Mans, a été donnée en 1849 par M. l'abbé Joubert, chanoine-custode de la cathédrale d'Angers.

17. Des os de saint Célestin Ier, Pape.

Exposition : *le 7 avril, fête du Saint.*

L'authentique de cette relique, dont le donateur est inconnu, est datée du 25 février 1843 et signée : Jean-Baptiste Bouvier, évêque du Mans.

18. Des os de saint Amand, évêque de Rennes.

Exposition : *le 14 novembre, fête du Saint.*

Même note que pour la précédente.

19. **Des os de saint Aignan, évêque d'Orléans.**

EXPOSITION : *le 17 novembre, commémoration du Saint.*

Cette relique, provenant de l'ancien monastère de la Visitation Sainte-Marie du Mans, et conservée par M. Huard, curé, fut reconnue comme authentique par Mgr Jean-Baptiste Bouvier, le 11 août 1849.

20. **Des os de saint Martin, évêque de Tours.**

EXPOSITION : *le 11 novembre, fête du Saint.*

Cette relique provient de l'ancien monastère des Religieuses de la Visitation Sainte-Marie. Après un examen ordonné par Monseigneur l'évêque du Mans, elle fut revêtue d'une authentique en règle, signée : DUBOIS, vicaire-général, en date du 21 février 1853.

21. **Des os de saint Udalrich, évêque de Passau.**

EXPOSITION : *le 1er novembre, fête de tous les Saints.*

Cette relique fut apportée d'Augsbourg, en 1852, par M. l'abbé Lochet, vicaire de la paroisse, à qui elle avait été donnée par M. le chanoine Jean-l'Évangéliste Stadler, et revêtue seulement du cachet du révérendissime évêque de cette ville. L'authenticité en a été reconnue par Mgr Jean-Baptiste Bouvier, le 30 août 1853.

8° DES SAINTS CONFESSEURS NON PONTIFES

1. Des os de saint Thomas d'Aquin, docteur de l'Église.

Exposition : *le 7 mars, fête du Saint.*

Le donateur de cette relique est inconnu : l'authentique, datée du 25 février 1843, porte la signature de Mgr Jean-Baptiste-Bouvier.

2. Des os de saint Benoît, abbé.

Exposition : *le 21 mars, fête du Saint.*

Cette relique, procurée par M. l'abbé Joubert, a été reconnue authentique par Mgr Jean-Baptiste Bouvier, le 25 février 1843.

3. Du cœur de saint Vincent de Paul, prêtre, instituteur de la Congrégation de la Mission. — Lettre écrite de sa main.

Exposition : *le 19 juillet, fête du Saint.*

La première de ces précieuses reliques fut apportée de Lorraine par M. Huard, curé. L'authentique, du 6 octobre 1796, porte la signature de Mgr Anne-Louis-Henri de la Fare, évêque de Nancy : le visa et la permission d'exposer sont du 11 juillet 1802, signés : Duperrier, vicaire-général. — La lettre adressée à

Mlle Legras, le 7 décembre 1630, a été reconnue authentique par M. Étienne, supérieur général de la Congrégation de la Mission, le 19 avril 1847, et Mgr Jean-Baptiste Bouvier a autorisé l'exposition à la vénération des fidèles, le 7 mai 1847. — La paroisse de la Couture possède, en outre, une branche du chêne vénéré au berceau de saint Vincent de Paul, détachée de l'arbre et apportée par M. l'abbé Lochet, le 30 août 1855.

4 Du Cercueil qui renferme le corps de saint Louis de Gonzague.

EXPOSITION : *le 21 juin, fête du Saint.*

Cette relique a été donnée à la paroisse par Mgr Jean-Baptiste Bouvier, alors vicaire-général et supérieur du grand séminaire, qui l'avait apportée lui-même de Rome. L'authentique, datée du 30 septembre 1825, porte la signature *Fr. Basilius Tomaggian, archiepiscopus Dyrrhachiensis*. Le visa et la permission d'exposer, donnés par Mgr de la Myre, évêque du Mans, sont datés du 20 juin 1826 et signés : BUREAU, vicaire-général.

5 Des os de saint Stanislas Kostka, novice de la compagnie de Jésus.

EXPOSITION : *le 15 août, fête du Saint.*

Cette relique, provenant de la générosité du même donateur que la précédente, est revêtue d'une authentique portant la même signature et la même date. Il n'y a point de visa.

6. Du bras de saint Romain, prêtre du Mans et neveu de saint Julien.

EXPOSITION : *le 7 novembre, fête du Saint.*

Cette précieuse et importante relique était vénérée depuis un temps immémorial dans l'église de l'abbaye de Saint-Julien du Pré. Sauvée à la révolution par la pieuse bénédictine, Mme du Fresne, dont il a été souvent question, elle fut donnée par cette dame à M. Huard, curé. La première authentique est du 23 juillet 1803, signée : Michel-Joseph de PIDOLL, évêque du Mans. Une nouvelle, donnée par Mgr Jean-Baptiste Bouvier, avec la permission d'exposer la relique, porte la date du 19 février 1840.

7. Des os de saint Bomer, solitaire du Maine.

EXPOSITION : *le 5 novembre, commémoration du Saint, dans l'ancien Bréviaire du Mans* (1693.)

Cette relique a été détachée de l'un des ossements nommé *tibia*, apporté, en 1787, de la ville de Senlis, où l'on avait précédemment porté tout le corps du Saint pour le soustraire à la fureur des Normands, par M. Lechesne, curé de Thorigné, et conservée depuis dans son église. Un neveu de M. Lechesne, fidèle de la paroisse de la Couture, s'est dessaisi de cette relique, à la prière de M. l'abbé Lochet, vicaire, et en a enrichi le trésor de cette église paroissiale. Le procès-verbal de l'extraction de cette relique est conservé dans la châsse du Saint, à Thorigné. L'authentique, donnée par Mgr Jean-Baptiste Bouvier et signée de sa main, est du 30 mars 1849.

8. **Des os de saint Jérôme-Emilien, confesseur.**

EXPOSITION : *le 20 juillet, fête du Saint.*

Donnée par M. l'abbé Joubert, en 1849, cette relique est munie d'une authentique signée par Mgr Jean-Baptiste Bouvier, évêque du Mans, et datée du 28 août 1836.

9. **De la soie qui servit à couvrir une vertèbre de saint Vincent Ferrier.**

EXPOSITION : *le 5 avril, fête du Saint.*

Même provenance et même authentique que la précédente.

10. **Des os de saint Maur, abbé.**

EXPOSITION : *le 15 janvier, mémoire du Saint.*

Cette relique provient de l'ancien monastère de la Visitation Sainte-Marie du Mans : elle avait été donnée à M. Huard, curé. L'authentique, signée de Mgr Jean-Baptiste Bouvier, évêque du Mans, après un examen spécial ordonné par Sa Grandeur, est datée du 11 août 1849.

11. Des os de saint Colomban, abbé.

EXPOSITION : *le 21 novembre, mémoire du Saint, dans l'ancien Bréviaire du Mans.*

Même note qu'à la précédente relique.

12. Des os de saint Guingalois, abbé.

EXPOSITION : *le 28 avril, mémoire du Saint, dans l'ancien Bréviaire du Mans.*

Même note qu'au n° 10.

13. Des os de saint Pavin, abbé dans le Maine.

EXPOSITION : *le 15 novembre, mémoire du Saint.*

Même note qu'au n° 10.

14. Des os de saint Cénerie ou Célerin, prêtre.

EXPOSITION : *le 1er novembre, fête de tous les Saints.*

Même note qu'au n° 10.

15. Des os de saint Regnault, ermite dans l'Anjou.

EXPOSITION : *le 2 août, fête du Saint.*

Même note qu'au n° 10. — Cette relique provient sans doute de l'abbaye de Notre-Dame de Beaulieu, qui en conservait quelques-unes, accordées, en 1653, par Henri Arnaud, évêque d'Angers.

16. Des os de saint Calais, abbé dans le Maine.

EXPOSITION : *le 1er juillet, mémoire du Saint.*

Cette précieuse relique, procurée par M. l'abbé Lochet, vicaire, lui avait été donnée par M. l'abbé Laubier, curé de Notre-Dame-de-Torcé et ancien vicaire de Saint-Calais. L'authentique, signée de Mgr Jean-Baptiste Bouvier, porte la date du 1er mars 1853.

17. Des os de saint Constantien, solitaire du Maine.

EXPOSITION : *le 5 décembre, fête du Saint.*

Même authentique que celle de la précédente. La relique a été donnée par les Religieuses de la Visitation Sainte-Marie du Mans.

18. Des os de saint Louis, roi de France.

EXPOSITION : *le 25 août, fête du Saint.*

Cette relique fut donnée par le général comte de Coutard à feu M. Savarre, curé, qui en a enrichi son église. La nouvelle authentique, donnée sur le cachet seul de Mgr de Quélen, est signée : JEAN-BAPTISTE, évêque du Mans, et datée du 20 octobre 1846.

9° DES SAINTES VIERGES MARTYRES.

1. Le corps entier de sainte Marcelle, martyre de nom propre.

EXPOSITION : *le 1er dimanche de septembre fête de ses reliques et durant l'octave.—La Sainte souffrit le martyre le 5 du mois de septembre comme l'indique l'inscription de son tombeau.* MARCELLA DP. (Deposita) NONIS SEP. (1).

C'est à la généreuse piété de feu M. René Savarre, curé, que la paroisse de la Couture est redevable de cet inestimable trésor. Le corps de cette sainte martyre fut extrait des catacombes de Rome, et envoyé, à la demande de Monseigneur l'évêque du Mans, au vénérable curé, par Fr. Joseph-Marie Castellani, de l'ordre des Ermites de Saint-Augustin, évêque de Porphyre, prélat domestique de Sa Sainteté, le 19 juillet 1840. La reconnaissance de la précieuse relique fut faite par Mgr Jean-Baptiste Bouvier, évêque du Mans, le 7 septembre de la même année; le visa et la permission d'exposer sont signés de la main propre de l'illustrissime évêque, en date du jour susdit.

(1) Il n'existe aucune indication que cette Sainte fût vierge et martyre : néanmoins, l'inspection de ses ossements ayant fait supposer qu'elle était jeune encore lorsqu'elle souffrit le martyre, nous avons cru devoir la placer dans ce paragraphe.

2. Des os de sainte Colombe, vierge et martyre.

EXPOSITION : *le 30 décembre, fête de la Sainte.*

Le donateur est inconnu. L'authentique, datée du 25 février 1843, porte la signature de Mgr Jean-Baptiste Bouvier.

3. Des os de sainte Apolline, vierge et martyre.

EXPOSITION : *le 9 février, fête de la Sainte.*

Même note qu'à la précédente.

4. Des os de sainte Anastasie, vierge et martyre : deux parcelles.

EXPOSITION : *le 25 décembre, mémoire de la Sainte.*

M. Huard, curé, a donné la première de ces reliques. L'authentique, datée de Rome le 28 mai 1729, porte la signature de D. Henri Lasso de la Vega, *episcopus Taumacensis*. Le visa et permission d'exposer sont du 20 avril 1805, signés : MICHEL-JOSEPH, évêque du Mans. — La seconde parcelle dont le donateur est inconnu est munie d'une authentique de Mgr Jean-Baptiste Bouvier, datée du 24 septembre 1849.

5. Des os de sainte Marguerite, vierge et martyre.

EXPOSITION : *le 20 juillet, fête de la Sainte.*

Le donateur de cette relique est inconnu. L'authentique, signée de Mgr Jean-Baptiste Bouvier, porte la date du 24 septembre 1849.

6. Des os de sainte Agnès, vierge et martyre.

Exposition : *le 21 janvier, fête de la Sainte.*

Cette relique a été donnée par M. Legrand, pieux fidèle de cette paroisse, qui la tenait du R. P. Dom Guéranger, abbé de Solesme. C'est sur le sceau même du susdit abbé que fut donnée l'authentique, datée du 21 février 1853, et signée : Dubois, vicaire-général de Mgr Jean-Baptiste Bouvier.

7. Des os de sainte Victoire, vierge et martyre.

Exposition : *le 23 décembre, fête de la Sainte.*

Cette relique provient du nouveau Monastère de la Visitation Sainte-Marie du Mans. L'authentique, datée du 21 février 1853, est signée : Dubois, vicaire-général de Mgr Jean-Baptiste Bouvier, évêque du Mans.

8. Des os de sainte Eulalie, vierge et martyre.

Exposition : *le 12 février, fête de la Sainte.*

Même note qu'à la précédente.

9. Des os de sainte Zénobie, vierge et martyre.

Exposition : *le 30 octobre, fête de la Sainte.*

Même note qu'au n° 8.

10. Des os de sainte Ursule, vierge et martyre.

Exposition : *le 21 octobre, mémoire de la Sainte.*

Même note qu'au n° 8.

10° DES SAINTES VIERGES NON MARTYRES.

1. Des ossements calcinés de sainte Scholastique, sœur de saint Benoît, vierge.

EXPOSITION : *le 10 février, fête de la Sainte, et le 11 juillet, fête de sa translation.*

On sait que les reliques précieuses de cette Sainte qui, par sa protection spéciale envers la ville du Mans, mérita d'en être appelée la *Patronne*, furent honorées depuis le Xe siècle dans l'église collégiale et royale du grand Saint-Pierre jusqu'à l'époque désastreuse de la révolution. Celles que l'église de la Couture a le bonheur de posséder, ont été sauvées de la fureur des spoliateurs de 1792 par M. l'abbé Guillaume Savarre, chanoine de Saint-Pierre, qui est devenu depuis son retour de l'exil, prêtre-sacristain de la Couture. Ce vénérable confesseur de la foi avait renfermé ces nombreux ossements calcinés dans un sac de soie-verte, le 8 décembre 1792 : il les retrouva tels qu'il les avait laissés, à son retour au Mans, dans le mois de mai 1801. M. Duperrier, vicaire-général du diocèse du Mans, en reconnut alors l'authenticité. Elles passèrent des mains de M. Savarre en celles du vénérable M. Huard, curé, qui, pour en donner quelques parcelles à l'église de Saint-Benoît du Mans, brisa le cachet, et fit substituer celui de Mgr l'archevêque de Paris, le 31 juillet 1822 ;

l'attestation est signée : SAINT-MARC, chanoine-honoraire sécrétaire du susdit archevêque. Une nouvelle authentique a été donnée, après l'examen et la reconnaissance des reliques, par Mgr Jean-Baptiste Bouvier, évêque du Mans, sous la date du 19 février 1840, contenant permission de les exposer à la vénération des fidèles.

2. Du cilice de sainte Thérèse, vierge.

EXPOSITION : *le 15 octobre, fête de la Sainte.*

L'authentique de cette précieuse relique, contenant permission de l'exposer, est signée de Son Eminence le cardinal Malvezzi, archevêque de Bologne, et datée du 21 octobre 1758. On ignore comment elle a été procurée à l'église de la Couture.

3. Des vêtements de sainte Marie-Madeleine de Pazzi, Carmélite, vierge.

EXPOSITION : *le 26 mai, fête de la Sainte.*

Même note qu'à la précédente.

4. Des os de sainte Marthe, sœur de saint Lazare, vierge.

EXPOSITION : *le 29 juillet, fête de la Sainte.*

Cette relique procurée par M l'abbé Joubert, prêtre-sacristain, est munie d'une authentique de Mgr Jean-Baptiste Bouvier, datée du 1er août 1836.

5. Du cilice de sainte Catherine de Sienne. — Du voile de la même Sainte.

Exposition : *le 30 avril, fête de la Sainte.*

La première de ces reliques provenant du don des Religieuses de la Visitation Sainte-Marie du Mans, est munie d'une authentique signée : Dubois, vicaire-général de Mgr Jean-Baptiste Bouvier, et datée du 21 février 1853. — L'authentique de la seconde, provenant de la même source, est datée du 11 août 1849, signée : Jean-Baptiste, évêque du Mans.

6. Des os des saintes Rose et Plantie, vierges.

Exposition : *le 1er novembre, fête de tous les Saints, et le 1er dimanche de septembre, fête des saintes Reliques.*

Même provenance et même authentique que la relique du cilice de sainte Catherine de Sienne.

7. Des os des saintes Séverine et Juconde, vierges.

Exposition : *le 1er novembre, fête de tous les Saints, et le 1er dimanche de septembre, fête des saintes Reliques.*

Ces reliques, vénérées dans l'ancien Monastère de la Visitation du Mans, furent données à M. Huard, curé, à son retour de l'exil. L'authentique donnée après l'examen, est datée du 11 août 1849, et signée : Jean-Baptiste, évêque du Mans.

8. Des os de sainte Olympe, vierge.

EXPOSITION : *le 1er novembre, fête de tous les Saints, et le 1er dimanche de septembre, fête des saintes Reliques.*

Même provenance et même authentique que les précédentes.

9. Du manteau de sainte Colette Bollet, religieuse de sainte Claire.

EXPOSITION : *le 6 mars, fête de la Sainte.*

On sait que cette Sainte mourut en 1447, à Gand, et que son corps fut transporté à Saint-Denis en France, par ordre du Roi et de Mesdames de France. Cette parcelle donnée à feu M. Savarre, curé, par le général comte de Coutard, fut coupée du manteau de la Sainte, par ordre et en présence de Madame Louise de France, par M. Jacques-Antoine-Raymond de Saint-Sulpice, prêtre, vicaire-général des princes-évêques de Gand et de Lausanne, commissaire chargé de la susdite translation, le 1er mai 1784. La nouvelle authentique signée de Mgr Jean-Baptiste Bouvier, est datée du 17 janvier 1847.

11° DES SAINTES MARTYRES SEULEMENT.

1. Des os des saintes Félicité et Claire, martyres.

EXPOSITION : *le 7 mars, fête de sainte Félicité.*

Ces reliques furent données à M. Huard, curé, à son retour de l'exil : elles venaient de l'ancien Monastère de la Visitation du Mans. L'authentique signée : JEAN-BAPTISTE, évêque du Mans, est datée du 11 août 1849.

2. Un fémur entier du corps de sainte Symphorose, illustre martyre.

EXPOSITION : *le 18 juillet, fête de la Sainte.*

Le corps entier de sainte Symphorose fut apporté de Rome à Beauvais, par le cardinal de Janson, évêque-comte de cette ville, à la fin du XVIIe siècle. La précieuse relique, possédée en ce moment par l'église de la Couture, fut donnée le 24 mai 1717, par M. François-Honorat-Antoine, évêque de Beauvais, successeur du susdit cardinal, à M. Adrien Morel de Crécy, chanoine de Beauvais et abbé de Saint-Ferme, qui l'emporta au diocèse de Bazas, où se trouvait son abbaye. L'évêque de ce dernier diocèse, Jacques-Joseph de Courgues, visa la relique et donna permission de l'exposer à la vénération des fidèles, le 6 juin 1717. Comment cette relique s'est-elle trouvée entre les mains de M. Savarre, curé? Il a été impossible de le découvrir. Le 29 octobre 1842, M. l'abbé Dubois, chanoine et vicaire-général, par commission de Mgr Jean-Baptiste Bouvier, fit l'ouverture du coffret qui renfermait le précieux ossement; il en reconnut l'authenticité, en enleva deux parcelles aux extrémités. Une nouvelle authentique, avec la permission d'exposer, fut donnée le 9 décembre 1848, signée : JEAN-BAPTISTE, évêque du Mans, et la relique fut placée dans une châsse de bois doré sculptée par M. Blottière, artiste distingué de cette paroisse.

12° DES SAINTES VEUVES.

1. **De la chair de sainte Françoise Frémiot de Chantal, veuve, fondatrice des Religieuses de la Visitation. — Des vêtements de la même Sainte. — Des os de la même Sainte. — Une lettre écrite de sa propre main.**

EXPOSITION : *le 21 août, fête de la Sainte.*

Les deux premières de ces précieuses reliques ont été données à M. Huard, curé, à son retour de l'exil, par une religieuse de l'ancien monastère de la Visitation du Mans. La parcelle de la chair est revêtue d'une authentique du 30 mars 1781, signée : Albert PAGET, vicaire-général de Jean-Pierre Biord, évêque et prince de Genève. Le visa et la permission d'exposer sont signés : MICHEL-JOSEPH, évêque du Mans, sous la date du 29 novembre 1808. La parcelle du vêtement est datée d'Annecy, du 16 octobre 1776, signée : CONSEIL, vicaire-général du susdit évêque d'Annecy. Au dos est écrit : *Donné à M. Hersant, par Mme de Bias, Visitandine.* Une petite parcelle des ossements de sainte Chantal a été donnée en 1853, par les Religieuses du nouveau monastère de la Visitation du Mans. L'authentique, signée : DUBOIS, vicaire-général de Mgr Bouvier, porte la date du 21 février 1853. — La lettre de la Sainte, adressée à M. le président Favre, est datée du 5 août 1812 ; elle était conservée dans les archives de l'ancien monastère des Visitandines de Blois. Les religieuses du nouveau monastère de la Visitation du Mans en ont fait hommage à feu M. René Savarre, curé, le 21 août 1848.

2. Des os de sainte Monique, mère de saint Augustin, veuve.

EXPOSITION : *le 4 mai, fête de la Sainte.*

Cette relique fut donnée à feu M. Savarre, curé, par Mlle Housseau, pieuse fidèle de la paroisse. L'authentique et la permission d'exposer, signées de Mgr Jean-Baptiste Bouvier, évêque du Mans, portent la date du 12 décembre 1846.

Ce sont à peu près toutes les reliques précieuses possédées par l'église de Notre-Dame de la Couture, qui ont été recueillies et religieusement conservées malgré la misère des temps, par la pieuse sollicitude et les soins intelligents des prêtres de cette paroisse, et particulièrement des vénérables curés qui l'ont administrée depuis l'heureuse restauration du culte divin, après les déplorables ravages de la Révolution. Quelques-unes de ces saintes reliques, comme on a pu le voir, sont importantes par la dimension des ossements et par leur nature même; d'autres, plus petites, mais toutes sont néanmoins très-précieuses, si l'on considère qu'elles sont des restes de ces corps qui furent sanctifiés par les Sacrements de l'Église et devinrent le tabernacle même où notre divin Sauveur se plut à habiter réellement. Aussi n'est-il pas vraiment regrettable que la plupart de ces reliques ne soient renfermées qu'en de pauvres coffrets de bois grossier ou de simple carton peint? Espérons donc que la foi se réveillant dans les âmes, ces restes, si chers aux vrais fidèles, seront renfermés un jour dans des reliquaires plus précieux et des châsses plus dignes du respect et de l'honneur dus aux reliques des Saints.

L'église de la Couture a eu le bonheur de posséder en tous temps un grand nombre de reliques précieuses. Nous donnons, comme document intéressant pour l'hagiographie, la liste de celles qui étaient vénérées dans l'église abbatiale de Saint-Pierre et de Saint-Paul, au XIVe siècle ; nous l'avons trouvée dans un martyrologe manuscrit conservé à la bibliothèque publique du Mans (sous le n° 75).

Hæ sunt reliquiæ quas apud nos esse gaudemus. Habemus de ligno Domini, de sepulchro ejusdem ; de capillis et de zonâ Beatæ Mariæ semper Virginis Matris Domini, et Josephi sponsi ejusdem perpetuæ Virginis. De reliquiis sancti Johannis Baptistæ.

Habemus etiam de reliquiis sanctorum Apostolorum Petri et Pauli ; sancti Andreæ ; sancti Johannis Evangelistæ ; sancti Jacobi Majoris ; sanctorum Philippi et Jacobi ; sancti Thomæ Apostoli ; sanctorum Simonis et Thadei ; sanctorum Evangelistarum Marci et Lucæ ; sancti Thimothei discipuli Beati Pauli Apostoli.

Habemus etiam et de reliquiis sanctorum Innocentium, sancti Stephani protomartiris ; sanctorum Cosmæ et Damiani, Primi et Feliciani, Nerei et Achillei ; sanctorum Dyionisii, Blasii, Sebastiani, Panthaleonis, Romani, Photini, Lucratii, Eusebii, Christophori, Thiburtii, Theodori, Juliani, Restituti, Mennæ, quatuor Coronatorum ; sanctorum Speusippi, Eleusippi, Melensippi, Sergii et Bacchi.

Habemus adhuc de gloriosâ legione Thebeorum, Mauricii, Exuperii, Candidi et Victoris.

Habemus et de reliquiis sanctorum Confessorum et Episcoporum Sylvestri papæ, Gregorii papæ, Leonis papæ, sancti Martini, sancti Nicholai, sancti Nicetii, sancti Patricii, sancti Brunonis, sancti Benedicti, sancti Bertranni, sancti Eusebii, sancti Rufi, sancti Antonii, sancti

Hilarionis, sancti Hugonis, sancti Antelmi ; de tunicâ et pallio sancti Francisci.

Habemus etiam de reliquiis sanctarum Virginum Mariæ Magdalenæ, Agathæ, Luciæ virginis et martiris ; sanctæ Anastasiæ, Barbaræ, Rufinæ, Lorenciæ, Theodoræ, Katherinæ, Sabinæ, Theclæ, Lucinæ, Margaretæ, undecim millium virginum ; sanctæ Constantiæ virginis et martiris, Bertæ.

Ac plurium aliorum quorum omnium meritis et precibus adjuvemur et pro quibus pariter cæterisque omnibus laudemus Deum in Sanctis suis.

Psalmus. Laudate Dominum in Sanctis ejus, *et cætera.* Gloria Patri. Sicut erat.

Kyrie eleison.

Christe eleison.

Kyrie eleison.

Pater noster.

℣. Et ne nos inducas in tentationem.

℟. Sed libera nos à malo.

℣. Lætamini in Domino et exultate justi.

℟. Et gloriamini omnes recti corde.

℣. Dominus vobiscum.

℟. Et cum spiritu tuo.

OREMUS. *Collecta.*

Propitiare, quæsumus, Domine, nobis famulis tuis per Sanctorum tuorum quorum reliquiæ in hoc loco continentur merita gloriosa ; ut eorum piâ intercessione ab omnibus semper protegamur adversis. Per Dominum.

℣. Benedicamus Domino.

℟. Deo gratias.

TABLEAU

DES JOURS D'EXPOSITION DES SAINTES RELIQUES

DANS LE COURS DE L'ANNÉE.

JANVIER.

14. Saint Hilaire, évêque de Poitiers.
15. Saint Maur, abbé.
18. Chaire de saint Pierre, apôtre, à Rome.
21. Sainte Agnès, vierge et martyre.
22. Saint Vincent, diacre et martyr.
23. Saint Clément, évêque et martyr.
25. Conversion de saint Paul, apôtre.
27. Saint Julien, 1er évêque du Mans, et apôtre.
29. Saint François de Sales, évêque de Genève.

FÉVRIER.

1. Saint Ignace, martyr.
2. Purification de la sainte Vierge.
3. Octave de saint Julien, évêque du Mans.

9. Sainte Appoline, vierge et martyre.
10. Sainte Scholastique, vierge.
12. Sainte Eulalie, vierge et martyre.
14. Saint Bénigne, martyr.
22. Chaire de saint Pierre à Antioche.

MARS.

6. Sainte Colette Boilet, vierge,
7. Sainte Félicité, martyre.
7. Saint Thomas d'Aquin, docteur de l'église.
14. Saint Lubin, évêque.
19. Saint Joseph, époux de la très-sainte Vierge.
21. Saint Bénoit, abbé.
25. Annonciation de la très-sainte Vierge.

AVRIL.

5. Saint Vincent Ferrier, confesseur.
7. Saint Célestin, pape.
16. Saint Thuribe, évêque du Mans.
28. Saint Guingallois, abbé
28. Saint Vital, martyr.
30. Sainte Catherine de Sienne, vierge.

MAI.

1. Saint Philippe, apôtre.
3. Invention de la sainte Croix.
4. Sainte Monique, veuve.

12. Saint Pancrace, martyr.
14. Saint Boniface, martyr.
16. Saint Domnole, évêque du Mans.
16. Saint Jean Népomucène, martyr.
20. Saint Félix, pape et martyr.
24. Notre-Dame auxiliatrice.
25. Saint Célestin, martyr.
26. Sainte Marie-Madeleine de Pazzi.
31. Clôture du mois de Marie.

JUIN.

2. Saint Marcellin, martyr.
18. Saint Innocent, évêque du Mans.
21. Saint Louis de Gonzague.
29. Saint Pierre et Saint Paul, apôtres.
30. Conversion de saint Paul et mémoire de saint Pierre.

JUILLET.

1. Saint Calais, abbé.
1. Saint Félix, enfant martyr.
2. Visitation de la très-sainte Vierge.
3. Saint Bertrand, évêque du Mans.
6. Octave des saints apôtres Pierre et Paul.
11. Translation de sainte Scholastique, vierge.
18. Sainte Symphorose, martyre.
19. Saint Vincent de Paul, prêtre.

20. Sainte Marguerite, vierge et martyre.
20. Saint Jérôme Émilien, confesseur.
23. Saint Liboire, évêque du Mans.
24. Saint Pavace, évêque du Mans.
26. Sainte Anne, mère de la très-sainte Vierge.
29. Sainte Marthe, sœur de Lazare.

AOUT.

1. Saint Pierre aux Liens.
2. Saint Regnault, ermite.
7. Saint Donat, martyr.
10. Saint Laurent, martyr.
15 Assomption de la très-sainte Vierge.
15. Saint Stanislas Kostka, confesseur.
21. Sainte Jeanne Frémiot de Chantal, veuve.
22. Octave de la fête de l'Assomption.
24. Saint Barthélemy, apôtre.
25. Saint Louis, roi de France.

SEPTEMBRE.

1. Saint Victorius, évêque du Mans.
5. Sainte Marcelle, martyre.
8. Nativité de la très-sainte Vierge.
14. Translation de la sainte Croix.
15. Octave de la Nativité de la très-sainte Vierge.

OCTOBRE.

15. Sainte Thérèse, vierge.
16. Saint Mainbœuf, évêque.
17. Saint Loup, évêque.
21. Sainte Ursule, vierge et martyre.
24. Saint Magloire, évêque.
28. Saint Jude, apôtre.
30. Sainte Zénobie, vierge et martyre.

NOVEMBRE.

1. Fête de tous les Saints
3. Saint Bommer, solitaire.
7. Saint Romain, prêtre du Mans.
8. Octave de la Toussaint.
9. Saint Théodore, martyr.
11. Saint Martin, évêque de Tours.
14. Saint Amand, évêque.
15. Saint Pavin, abbé.
17. Saint Aignan, évêque.
21. Présentation de la très-sainte Vierge au temple.
21. Saint Colomban, abbé.

DÉCEMBRE.

5. Saint Constantien, solitaire.
6. Saint Nicolas, évêque.

8. Immaculée Conception de la très-sainte Vierge.
15. Octave de l'Immaculée Conception.
23. Sainte Victoire, vierge et martyre.
25. Sainte Anastasie, vierge et martyre.
30. Sainte Colombe, vierge et martyre.

FÊTES MOBILES.

Le dimanche de la Passion, exposition et adoration de la vraie Croix.

La Compassion de la très-sainte Vierge.

Le dimanche après le 25 juillet, translation de saint Julien, premier évêque du Mans et apôtre.

Le premier dimanche de septembre, fête des reliques de sainte Marcelle, martyre, et des autres précieuses reliques conservées en l'église paroissiale de Notre-Dame de la Couture.

Le troisième dimanche d'octobre, fête du très-saint Cœur de la bienheureuse Vierge Marie.

TABLE ALPHABÉTIQUE.

(1) Le donateur de cette Relique fut M. l'abbé CELIER, chanoine honoraire de la cathédrale du Mans, alors prêtre habitué de la paroisse.

FIN DE LA TABLE ALPHABÉTIQUE.

Le Mans.—Imp. ETIEMBRE et BEAUVAIS, place des Halles, 19.—1859.

www.ingramcontent.com/pod-product-compliance
Ingram Content Group UK Ltd.
Pitfield, Milton Keynes, MK11 3LW, UK
UKHW022139190726
13855UKWH00003B/1235

9 782013 043298